LICENCIA POÉTICA

REVISTA TEMÁTICA DE POESÍA

LICENCIA POÉTICA
Revista temática de poesía
(2ª época)

Dirección editorial:
Ilia Galán
Coordinador del presente número:
Jesús Urceloy
Imagen de cubierta:
Au Moulin Rouge
Henri de Toulouse-Lautrec (c. 1892-1895)
(The Art Institute of Chicago)
Diseño y maquetación:
EЯA | ALTA RESOLUCIÓN EDITORIAL

EntreAcacias, S.L.
[Sociedad editora]
c/Covadonga, 8
33002 Oviedo - Asturias (ESPAÑA)
info@arspoetica.es | pedidos@arspoetica.es

1ª edición: enero, 2026

ISSN: 2531-2626
ISBN: 978-84-18536-83-0
Depósito Legal: AS 03728-2017

Impreso en España
Impreso por Podiprint

EN ESTE NÚMERO

EDITORIAL 7
Jesús Urceloy
2001, UNA ODISEA EN EL ESPACIO 11
Álvaro Muñoz Robledano
AMERICAN PSYCHO 13
Isla Correyero
AVATAR 15
Javier Lostalé
BLADE RUNNER 17
Rafael Soler
COLD WAR 19
Marga Artaud
EL AMOR EN FUGA 21
Luis Felipe Comendador
EL FINAL DE LA CUENTA ATRÁS 23
José Manuel Suárez
EL HOMBRE QUE NUNCA ESTUVO ALLÍ 25
Laya Cervantes
EL INQUILINO 27
David Torres
EL LADO OSCURO DEL CORAZÓN 29
Enrique Gracia Trinidad
EL LADRÓN DE BAGDAD 31
David Foronda

EL TIEMPO EN SUS MANOS 33
Jesús Urceloy
GATTACA 35
Oscar Martín Centeno
HER 37
Julio Castelló
LA FORMA DEL AGUA 39
Araceli Gutoliv
LA PRINCESA PROMETIDA 41
Oscar Vargas
LAS AVENTURAS DEL BARÓN MÜNCHHAUSEN 43
Luis Alberto de Cuenca
MATRIX 45
Xuan Folguera
REGRESO AL FUTURO 47
Jacob Lorenzo
SOLARIS 49
Paloma Larrosa
SOLO LOS AMANTES SOBREVIVEN 51
Javier Alonso
TRABAJOS DE AMOR PERDIDOS 53
Julio Martínez Mesanza
ULTIMATUM A LA TIERRA 55
Pilar García Orgaz
VIAJE A LA LUNA 57
Esther Peñas

EDITORIAL

Jesús Urceloy

El arte por excelencia de los siglos XX y XXI es el cine. Por supuesto que todo arte bebe del resto de las artes que le acompañan en su devenir y la poesía no es una excepción sobre el arte cinematográfico. Así en todo filme siempre veremos elementos arquitectónicos, musicales, plásticos, etc. El ser humano produce poesía en todas sus variantes y por supuesto el cine no podría ser una excepción. Como tal hay muchos directores, actores, guionistas y personas de la industria que son, han sido y serán poetas. Que las películas de cine fantástico tengan un componente poético es algo indubitable y lógico.

En Ars Poetica nos pareció oportuno llamar a una suerte de poetas contemporáneos y sugerirles que seleccionasen una película de género fantástico. (En el género fantástico cabe prácticamente cualquier proyección temporal de la acción y del pensamiento del protagonista y su entorno.) No es necesario, por lo tanto, que el protagonista o la acción se desarrollen en lugares extraterráqueos o que se envuelvan dentro de un pensamiento utópico, pues a menudo la fantasía subyace en el interior de los protagonistas. E incluso dentro del mismo paisaje, pues el paisaje puede ser perfectamente un protagonista.

Todos estos poetas aceptaron con alegría esta idea, pero se les indicó que no describiesen exactamente la película a que hiciesen referencia, es decir, que no realizasen una écfrasis de la misma. Por lo tanto, el lector va a encontrar diversos textos tanto en poesía como en prosa poética con sutiles variantes que dependen de esta manera de mirar el cine. La otra mirada.

También descubrirá el lector que el espectro es muy amplio. Desde la primera película famosa en blanco y negro, una especie de corto largo titulado *Viaje a la luna* de George Mèlies, hasta clásicos contemporáneos muy cercanos a nuestro tiempo, y todos los títulos de las películas que los poetas han seleccionado pertenecen al género, digámoslo entre comillas, de culto.

Este tipo de películas suele corresponder a filmes que a menudo en su estreno no tuvieron gran aceptación, por diversos motivos tanto de crítica sesuda como de recaudación y que, sin embargo, pasados unos años ganaron el reconocimiento de los entusiastas, y de allí saltaron a la gran cultura popular. Por ejemplo, *Blade runner* recibió pésimas críticas en su estreno y en España fue prácticamente abucheada por los grandes popes de la crítica cinematográfica. Sin embargo, esto no fue motivo suficiente para un público que necesitaba huir de las grandes producciones americanas llenas de batallas intergalácticas, princesas secuestradas, robots semihumanos terribles, etc., y donde aparecía la singularidad de un personaje que dudaba de su propia existencia como humano y que recibía la extraña misión de eliminar a otros que él sospechaba semejantes. Es decir, que nos encontramos con una aventura psicológica no exenta de persecuciones y otros elementos propios del género. También en la película *Her*, más cercana a nosotros, nos planteamos un futuro donde la soledad del individuo le lleva a enamorarse de una inteligencia artificial, hasta tal extremo que llega a sentir celos de otros que, como él, se han enamorado de la misma IA.

En todo esto y en todas las películas seleccionadas va a darse cuenta el lector que lo poético navega perfectamente, pues lo poético se establece dentro del pensamiento y la acción sensorial por encima de la historia que se nos está contando. Esa es la raíz de la poesía desde los orígenes de la misma. Y estos poetas, por supuesto, no son ajenos a su oficio.

STANLEY KUBRICK

2001 :
una odisea del espacio

MGM PRESENTS STANLEY KUBRICK'S "2001: A SPACE ODYSSEY"
STARRING KEIR DULLEA · GARY LOCKWOOD · SCREENPLAY BY STANLEY KUBRICK AND ARTHUR C. CLARKE
PRODUCED AND DIRECTED BY STANLEY KUBRICK · SUPER PANAVISION™ AND METROCOLOR®

A METRO·GOLDWYN·↑

Hay muchas escenas de 2001 famosas. Una de ellas está al final de la película. El astronauta, tras un viaje psicodélico a través del monolito encontrado en Júpiter, llega a una habitación de hotel donde se ve a sí mismo en diversos momentos de su vida futura. En la película 2010 Dave Bowman llegará a visitar a su madre desde el más allá. Álvaro Muñoz Robledano nos invita a otro viaje.

2001, UNA ODISEA EN EL ESPACIO

(STANLEY KUBRICK, 1968)

Álvaro Muñoz Robledano

Retirez-moi du coeur tous mes jardins d´ enfance.
(Anna de Noailles)

EL REGRESO A CASA DE DAVE BOWMAN

Nunca dijo ¡Dios mío, está lleno de estrellas!; la frase fue añadida posteriormente, quizás para conjurar el miedo que provocan los viajes sin despedidas, sin una cuarta pared a la que dirigirse rogando por un solo espectador, pero nadie lo observa y la cápsula ya no está en la sala.

El domingo 12 de enero de 1992 yo esperaba a Teresa en la parada del autobús en que debía llegar a nuestra cita; aquella avenida, apenas una fisura en el plano de la ciudad, sus pasos en el suelo iluminado, la comida impecable, la cama perfectamente arreglada, ninguna fotografía.

Durante un instante, él percibe nuestro noviazgo de cafeterías envejecidas y traición; cuando desaparece, la estancia permanece inalterada, ni siquiera el cuchillo caído vuelve a su lugar o se evapora el vino derramado.

Durante un instante, fuimos su nombre y el temblor de sus párpados.

Un pasado hecho de olas.

Aspecto mortal.

AMERICAN PSYCHO

En el fondo se trata de una alucinación. No sabemos si la película obedece a un momento real o a una sociedad posible y cercana dentro de la distopía. La película es menos brutal que el libro, pero la presencia de un asesino culto e indiscutible y que no tiene nada que parecerse al protagonista de *El silencio de los corderos*, nos invita a estas instrucciones estupendas a las que Isla Correyero nos convoca.

AMERICAN PSYCHO
(MARY HARRON, 2000)

Isla Correyero

INSTRUCCIONES

A las doce y cuarenta minutos de la noche, el doce de febrero, que estará el cielo raso, en la calle Guadiana, puerta número siete, encontraréis a un hombre aún despierto: Matadle.

Si dice estar leyendo o aburrido no le escuchéis, es fingidor y joven, nocturno tiburón.

Sabrá perfectamente cuál es vuestro mandado.

Ni tiempo a un cigarrillo le deis para calmarse, ni mostréis vuestros rostros bajo ningún pretexto.

Cuando su boca deje de mostrar la sonrisa es que habrá comprendido que debe levantarse.

Alargará el silencio, jugará a entristecerse, se doblará los puños de la camisa blanca.

No miréis a sus ojos, no contempléis sus manos: tiene en ellos un arte de niebla inofensiva y un encanto más fuerte que la luna y el mar.

Si un temblor repentino le sobreviene al labio resultará que el tipo quiere pedir clemencia.

No os valgan sus ardides, no aceptéis sus disculpas.

Su vida tiene el precio de un insomnio de siglos y ha de pagar la parte que su amante le requiere.

Disparad a la frente, el corazón y el sexo. Fulminadlo, tranquilos, en esos puntos clave.

Y cerradle los ojos si todavía le brillan.

Hay varias películas donde el protagonista es un árbol, por ejemplo, *El árbol de la vida*, *Tideland*, y esta estupenda película de James Cameron. En el fondo todo radica en los habitantes de un árbol gigantesco y sabemos que su existencia o inexistencia es fundamental. Javier Lostalé nos lo comunica con la sutileza y ternura con la que nos tiene acostumbrados.

14

AVATAR
(JAMES CAMERON, 2009)

Javier Lostalé

DÓNDE

¿Dónde sucede?
Cada vez que miras lo ves
aunque no sea nada más que un árbol
el que ante ti aparezca.
¿Dónde se halla
lo que habla dentro de ti
sin que lo busques?
¿Quién te lleva al otro lado
sin contigo estar?
Si no sueñas
¿por qué basta que alguien cruce
para que no vuelvas solo?
Todo es tan raro como un anuncio
que no tiene dónde desembocar.
Abandónate
a lo que profundamente existe
sin que nunca llegue a florecer.
Y ámalo.

En español la traducción es deliciosamente poética y casi no entendemos porque no se hizo así. El protagonista está corriendo continuamente sobre un camino de cuchillos afilados, imágenes, símbolos de su necesidad y de su decadencia. La película recibió las peores críticas en el momento de su estreno y afamados cineastas le pronosticaron una vida efímera. Menos mal. El gran poeta Rafael Soler nos habla de estas cualidades.

BLADE RUNNER
(RIDLEY SCOTT, 1982)

Rafael Soler

CERRADO POR DERRIBO

El lunes
acabarán con la pantalla
te puso en guardia Tomás
que siempre invitó
cuando un corte interrumpía
la sonata más bella de Blade Runner:
vi rayos C brillar en la oscuridad
cerca de la Puerta de Tannhäuser

avísame si vienes
y prometo hablar muy poco
prometió
desobediente
nada dijiste de tu incursión
al encuentro de la Ventana Mágica

que allí estaba
todavía erguida entre cascotes
desafiante y con luna
previsor
Tomás ha traído
tres sillas de su casa
toma asiento compañero
ahora viene lo grande
invita sin volverse
al escuchar tus pasos

llega un grillo
para encender la noche
y en la pantalla
el replicante albino
todos esos momentos
se perderán en el tiempo
como lágrimas en la lluvia

a vuestro lado
espléndido y feliz
Ridley Scott ofrece su merienda

También nos hallamos dentro de una distopía del pensamiento del otro lado del telón de acero, donde el amor entre dos personas puede ser un asunto de alto riesgo. Hay secuencias en esta película demoledoras y un final absolutamente inesperado. Marga Artaud nos abre una pequeña puerta a la esperanza.

COLD WAR
(PAWEL PAWLIKOVSKI, 2018)

Marga Artaud

UN SUEÑO EN BLANCO Y NEGRO

Vamos hasta la ermita derrumbada
el recorrido lento, de tu mano.
Atraviesas la puerta sin cerrojo
un trasnochado aroma nos invade.

El aire reconoce nuestra piel,
se desenfocan todas las imágenes,
paredes descarnadas sin recuerdos,
el frío como techo, el mudo sol.

Me caducas al aire, no me miras
y aún no me liberas.

No te hago frente, el frío
es mi pecado, es nuestra decadencia.
somos los combatientes
el mismo olor amargo.

Conservo en el bolsillo
la desacompasada soledad,
el desengaño viejo,
y las dos manos frías,

De la mano seguimos los dos desde
el arco de la ermita derrumbada,
sin vuelta, sin regreso.

El poeta Luis Felipe Comendador y el cineasta François Truffaut coinciden en muchas cosas. Deseos, imágenes y símbolos de lo cotidiano. Ambos practican un realismo utópico no exento de ternura ni de elementos que rondan el imposible categórico. Al fin y al cabo, qué mayor aventura de la imaginación posible, es volver a encontrarse en muy poco tiempo con todas las personas con las que se ha amado.

EL AMOR EN FUGA
(FRANCOIS TRUFFAUT, 1979)

Luis Felipe Comendador

LA FUGA DE ANTOINE DOINEL

Fue la lluvia
y mirar desde el furgón
los rostros vegetales del gentío,
el medir las mañanas en el suelo
según la luz corría de baldosa en baldosa,
el eco de tu voz en las paredes
–sin respuesta jamás–
y esa curiosidad que es como el hambre
por ver el horizonte de los héroes.

Te preguntaste si en el mar habría
una salida neta del silencio
que rezuma el ser uno entre los hombres.
Te quisiste matar por un segundo,
y comprendiste al fin
que hay un abrazo tuyo
pendiente de entregar
y otro que espera
a sopesar tu escuálido volumen.

Pues claro que la vida te interesa,
¿a qué si no esta huida de lo inhóspito?

Colette en bañador
merienda al fondo.

El 7 de Diciembre de 1980, el portaviones nuclear **NIMITZ** desapareció en el Pacífico... Reapareció el 7 de Diciembre de 1941... en Pearl Harbor.

EL FINAL DE LA CUENTA ATRAS

RICHARD R. ST. JOHNS PRESENTA

KIRK DOUGLAS • MARTIN SHEEN • KATHARINE ROSS
JAMES FARENTINO

En una Producción de THE BRYNA COMPANY'S PRODUCTION
EL FINAL DE LA CUENTA ATRAS [THE FINAL COUNTDOWN] con RON O'NEAL
y CHARLES DURNING como el Senador • Dirigida por DON TAYLOR
Producida por PETER VINCENT DOUGLAS • Productor Ejecutivo RICHARD R. ST. JOHNS
Guión de DAVID AMBROSE-GERRY DAVIS y THOMAS HUNTER-PETER POWELL
Argumento de THOMAS HUNTER-PETER POWELL y DAVID AMBROSE
Director de Fotografía VICTOR J. KEMPER • Música de JOHN SCOTT
Productor Asociado LLOYD KAUFMAN

GLOBE

Otra estupenda distopía de nuestro tiempo. Una cosa es que uno viaje al pasado y tenga la posibilidad de encontrarse consigo mismo y otra cosa es que gracias a una misteriosa tormenta haga el mismo viaje el portaviones más poderoso de la armada norteamericana con todo su personal. Una de esas películas donde Kirk Douglas demuestra su gran categoría de actor. José Manuel Suárez nos trasmite ese asombro.

EL FINAL DE LA CUENTA ATRÁS

(DON TAYLOR, 1980)

José Manuel Suárez

A la luz no se va, de allí se llega.
Tiembla la mano en el umbral del miedo.
Te aturde una tormenta repentina
de galopes ardientes por el cuerpo.

Ni relámpago fue, dispara el rayo
la metralla que ensarta tu silencio.
Sucumben a la duda en el avance,
temerosos, los débiles intentos.

Con la libre verdad de las preguntas,
atrapado en tu arnés te sueñas lejos.
Tiempo ya sucedido en que te quedas
amante, vivo, apasionado, yerto.

Los fatigados números no abarcan
la sucesión inmensa de los muertos.
Un telegrama llenará la casa
con gran rugido de motores fieros.

El siete de diciembre el sol sangraba;
te abrazaste a su paz solo un momento.
Después salió del mar, pronto esculpida,
tu lápida veloz: metal al fuego.

Pasaron muchos años, sigue en alto
colmado cáliz tuyo. Mío. Nuestro.

¿Las cosas son cómo son? ¿Lo que imaginamos es la verdad? ¿Aquello que hemos visto es susceptible de no lo hayamos visto? ¿Estoy porque soy? ¿Por qué tiene que tocarme a mí, si yo me estaba limitando a cortarle el pelo a la gente de mi pueblo? Laya Cervantes reflexiona sobre estos pequeños deslices del alma.

EL HOMBRE QUE
NUNCA ESTUVO ALLÍ
(HERMANOS COEN, 2001)

Laya Cervantes

> «I met a man who wasn´t there».
> Hughes Mearns

Los abogados llenan sus maletines con penas capitales,
el dinero pierde las esquinas.
La voz opaca entre los muros,
tiene los labios quietos
y se cierne sobre el lacre del cigarro.
La conciencia avanza en una pantalla muda.
La herida traduce su filo, su alma bilingüe,
se seca en la saliva, en el aire, en los grifos de las fuentes.
En un viejo establecimiento, una silla de barbero y su navaja
amortiguan sonidos tras la culpa.
Su vida dibuja trayectos sin destino,
desaparecen bolsas, zapatos, transeúntes.
Ojos y manos que señalan
el escaparate del otro lado.
Ahí, en las mangas del vestido rojo;
como la sangre de aquella noche,
su secreto se detiene.
Mármol, hierro, cuadrícula,
una ciudad sin ruido.
Un hombre que nunca estuvo allí,
que nadie vio,
que explicará su porqué
cuando no existan las palabras.

La segunda película de don Alfredo, aunque sea muda, nos recuerda esa máxima de Fritz Lang donde afirma que una película es buena si se pierde la banda de sonido y nadie se va de la sala de proyección. No hace falta el sonido en esta película donde las miradas entre la casera y su inquilino, en un Londres sutil y tenebroso, llenan nuestra pantalla. David Torres es un verdadero romántico.

EL INQUILINO
(ALFRED HITCHCOCK, 1927)

David Torres

LONDON GHOSTS

Le encargué a Sherlock Holmes que te encontrara
pero una helada furia lo embargó
cuando vio tu belleza en un retrato:
su sangre hirvió como si fuese sangre
y partió en dos su violín favorito.
Desmadejado en un sillón de cuero
se revistió de un sueño morfinómano.
«Es mejor que se vaya» dijo Watson.

Churchill refunfuñó cuando le hablé
de tu fuga, simuló indiferencia,
pero se vino abajo al ver tus ojos.
Juró que dejaría la política,
el tabaco, el alcohol y sus amantes.
Te prometió un imperio trasatlántico
y footing en Hyde Park cada mañana.

Subido a su atalaya el almirante
Nelson gritó que estaba ciego, loco
de buscarte entre los hormigueros
de las calles de Londres. «Si pudiera
deshacer el hechizo bajaría,
me estamparía en Trafalgar Square
como un sello con siglos de retraso».

Por último, en un pub, cerca de Spitafields,
en un rincón manchado de cerveza,
Jack el Destripador pidió otra jarra,
fingió que no miraba tu sonrisa
y se hundió en un silencio indescriptible,
inmemorial, con vísceras y nieblas.
Lentamente, como sin darse cuenta,
salió del trance y me entregó un cuchillo.
Murmuró: «sigue tú, yo ya estoy viejo».
Se subió las solapas del abrigo.
Salió a la calle, se alejó llorando.

De todas las películas que hay en esta antología posiblemente sea la más fantástica por sugerente y donde hacen aparición poetas contemporáneos recitando textos incluso en otros idiomas ajenos al de su nacimiento. Todo es simbólico en una película donde Enrique Gracia Trinidad nos ayuda ligeramente a estar sobre la tierra.

28

EL LADO OSCURO DEL CORAZÓN
(ELISEO SUBIELA, 1992)

Enrique Gracia Trinidad

Una mujer que vuele es importante,
pero si yo prefiero que sepa aterrizar
alguien vendrá a decirme
que soy poco romántico.

Veréis: Como la muerte ha decidido perseguirnos
yo prefiero no andar en imposibles,
no subirme a las ramas,
no tentar a la suerte.
Esos romanticismos de salón
están muy bien para pasar el rato,
pero la muerte tiene prisa,
la vida es una impertinente nube
de verano que acaba deshaciéndose
y es preferible aprovechar el tiempo.

Poco romántico, es verdad,
ni poeta maldito ni esas cosas.
¡Qué le vamos a hacer!
Más allá de películas y sueños,
prefiero una mujer que sepa aterrizar.

UNA PRODUCCIÓN DE **ALEXANDER KORDA**

SABU

El Ladrón de Bagdad

con **CONRAD VEIDT · SABU · JUNE DUPREZ**
JOHN JUSTIN
REX INGRAM · MARY MORRIS

Dirigida por
LUDWIG BERGER e **MICHAEL POWELL**

MERCATOR CINEMATOGRAFICA S.A.R.L.

TECHNICOLOR

Hasta cinco directores firmaron esta película. Los protagonistas iban a ser otros. Lo único claro era la música de Miklos Rodsza. El mundo de las mil y una noches, totalmente fantástico hasta la saturación, fue recreado por Hollywood para fomentar nuestros sueños. David Foronda nos recuerda varias escenas imborrables.

EL LADRÓN DE BAGDAD
(MICHAEL POWELL Y OTROS, 1940)

David Foronda

*A mi padre, que los domingos nos contaba cuentos de animales y nos enseñó
a amar los westerns y el cine de aventuras.
A mi abuelo Lorenzo, que se habría venido conmigo a Alemania y a Singapur.*

Salgamos a pasear, hay luna llena
y en palacio la guardia está borracha.
Podemos conversar toda la noche,
inventar la mejor de las historias
o saltar esos muros y escapar.

Y robaron las llaves y corrieron
extrañados del mundo y de su fuga.

Afuera están las cosas que persisten,
nos esperan la cárcel, las traiciones,
la magia utilizada en nuestra contra,
los genios poderosos, los ingenios
de ciencias y de artes demoniacas,
mas no hay vacilación si estás conmigo;
sabremos esquivar todas las dagas,
las espadas perversas, los autómatas.

Sobre un blanco elefante la princesa
de Basora nos ciega con sus ojos.

Quién sabe si al final de la aventura
será el amor el premio, la riqueza,
el vuelo en una alfombra voladora
o al alba nos habrán decapitado
sin turbante, y con ropas de mendigo.

(Qué importa el desenlace de este sueño.)

El título de esta película coincide exactamente con la última frase de la misma. Jesús Urceloy piensa que la aventura del científico protagonista no es otra cosa que una bellísima historia de amor. Aparte de las correrías de este viajero en el tiempo uno acaba preguntándose qué tres libros se llevaría uno al futuro.

EL TIEMPO EN SUS MANOS
(GEORGE PAL, 1960)

Jesús Urceloy

A veces no recuerdo mi futuro,
no sé si estuve allí o si he regresado
hace unos días. Siento que te he amado
en un vertiginoso lado oscuro.

El tiempo existe, de eso estoy seguro,
y su magia perenne. Estoy anclado
en un viaje infinito. Enamorado
para ella y su sonrisa. Y me aventuro

hacia tu voz hallada entre las sombras
de un mundo en que te llamo, en que me nombras.

(Morlocks aparte, bombas y neutrinos,
mi ansioso corazón me desescombras,
y no preciso mágicas alfombras
para encontrarte en todos los destinos.)

Las distopías escritas en el siglo XX, aunque en su principio parecieran imposibles, el devenir del tiempo nos mostrado su cumplimiento. Que los padres puedan determinar la naturaleza física perfecta de sus hijos está casi al caer, si es que no está sucediendo ya. Oscar Martín Centeno puede que hay dado un saltito al futuro, y nos lo cuenta.

GATTACA
(ANDREW NICCOL, 1997)

Oscar Martín Centeno

¿Sabes cómo lo he conseguido?
Así es como lo he conseguido, Anton.
Yo nunca dejo nada para la vuelta.
Tú eres la experta en lo imposible,
¿verdad Irene?
Andrew M. Niccol - Guion de *Gattaca*

Me quito las lentillas
y me dejo llevar, alrededor
el cuchillo del tráfico, la muerte
llorándome en el hombro,
el mundo recordándome
todo lo que no soy.
Atravieso en silencio la autopista
caminando hacia ti
e igual que tantas veces
imagino que logro llegar al otro lado
y esa manera de mirar el mundo
empieza a transformar los ojos que te miran.

Veré salir el sol
aquí y en cualquier parte y ningún sitio
desdoblará la luz sin esta voluntad
que grita entre las líneas imperfectas
que cifraron mi vida.
Detrás de la secuencia, el corazón
ha acumulado ya
demasiados latidos.
Siempre fuiste la experta en lo imposible,
así que aquí me tienes,
desnudo, incandescente,
ansioso y preparado para el viaje
que no me corresponde.

Arderán las medallas y arderá
el nombre que fue mío.
Tú ya sabes de sobra
cómo lo conseguí.
Sobre el uno por ciento
que late esperanzado en el informe
de mi salud cardíaca
apuesto por el viaje, por ti y por no dejar
nada para la vuelta.

¿Podemos enamorarnos de nuestro sistema operativo? Esta es la historia de un hombre que escribía cartas de amor como profesión y que vivía solo. Todos vivimos solos, al fin y al cabo. Todos necesitamos un alma amiga aunque sea de la IA. Julio Castelló nos invita a la confesión más íntima posible y a una de las historias de amor más fantásticas.

HER
(SPIKE JONZE, 2013)

Julio Castelló

BELLAS CARTAS A MANO.COM

> «I'm lying on the moon».
> Karen O, Spike Jonze

Mi querida Samantha:
                    Antes de deshacerte
diluida en la gran migración a la nada
te escribo unas penúltimas palomas y confieso

que vivo en la tormenta, una tormenta
de vajillas y pájaros, ventisca
a una escala doméstica.
                        He salido
a pasear.
Te amé en la confusión
de las especies. Incapaz de límites,
creciste en un amor sin permanencia
en el que solo sangro yo,
                        perdido
en esta llaga epistolar corpórea.

Tu voz es la granada de la diosa
que sucumbe en el barro y lo fecunda.
Tu sola voz despierta los cadáveres
del hades digital donde se enfrían
los días malheridos.

                    Pero nada
dura más que un recuerdo, una canción,
la foto imaginada del instante
que se perdió en el tiempo,
                        insuficiente.

Y he de decirte adiós.
                    Todo se apaga.

37

Aunque esta película transcurre en los años cincuenta, son unos años cincuenta que no hemos
llegado a vivir. Guillermo del Toro es un cineasta
que retuerce las cosas inverosímiles hasta que pare-
cen posibles. Araceli Gutoliv, que conoce de cerca
las cosas y los habitantes del agua, nos recrea esta
historia generosa y muy líquida.

LA FORMA DEL AGUA
(GUILLERMO DEL TORO, 2017)

Araceli Gutoliv

Camino con mi rostro de cera
a la morada de los azulejos,
donde se incendió el diamante.
Allí comprendí que, más allá
del frío collar de perlas,
me hallaba en la línea
alterna a mi futuro.
Me vi y no sabía
que debía matarme
para salvar lo que quedaba.
De náusea ajena el destino,
de sombra vaga su sonrisa.
Abro las aletas,
me arranco una escama
y escribo con ella sobre el vidrio:
Si soy diferente,
explora mi memoria.
Tal vez, por un instante,
mis ojos en las manos
te abracen y me veas.

De todos los personajes de esta maravillosa película, de todas las escenas memorables, detrás de la aventura, quizá Oscar Vargas nos ilumina con lo mejor de toda ella. Somos españoles, e Iñigo de Montoya nos está vengando eternamente de todas las fechorías que nos han hecho.

LA PRINCESA PROMETIDA
(ROB REINER, 1987)

Oscar Vargas

Hay frases que te juran que jamás
volverás a pasar hambre, o te anuncian
(pues así lo presienten) el comienzo
de una hermosa amistad, y allá te llevan,
como hay notas de Knopfler que refieren
un «Érase una vez» y en sus palabras
acústicas viajamos. Si lo piensas
los recuerdos son mudos, y eres tú
quien pone voz al personaje, y doblas
a ese envolvente abrigo de tu abuelo,
a los cansados ojos de tu madre
o a ti mismo, febril, enfermo en cama.

Si lo piensas, la magia verdadera
(como el amor del mismo nombre) está
en recrear un mundo donde caben
un príncipe malvado y un pirata
feroz llamado Roberts y un sicario
con un dedo de más, una traición
un rapto y una huida, y un gigante
y un enano detrás, y enormes ratas
con una sola pierna en un pantano
de gases inflamables, y un tal Max
que es milagroso y su mujer que es bruja.
Y en el centro de tanto, esplendorosa,
la más sublime y dulce entre beldades.

Si lo piensas quizá la fantasía
sea entonces que tú ni por asomo
anheles darle un beso a esa princesa,
 servir a sus deseos, o enfundarte
la máscara del héroe (enamorado…),
y sólo sueñes ser un pintoresco
y terco y diestro y digno espadachín
español, a quien darle su venganza.
Porque hay espadas-láser y hay aceros
que estarán siempre hechos de cartón.
Y frases que te nacen por su nombre:
- «Hola. Me llamo Íñigo Montoya…»

Como en toda película de aventuras que se precie
los buenos directores saben elegir actores inolvidables. No hay que desdeñar ninguna de las versiones de este personaje, pero quizá la de la UFA sea
la más loca, magnífica, llena de diálogos que ras-
gan la genialidad. Quién haya visto esta película
podrá quedarse con la escena volando sobre una
bola de cañón, con el barco que se camufla en mitad del mar gracias al humo de las cachimbas de
sus ocupantes o los portentosos y geniales habitantes de la luna. Luis Alberto de Cuenca, generosa-
mente, nos recuerda una escena inolvidable.

LAS AVENTURAS DEL BARÓN MÜNCHHAUSEN
(JOSEF VON BAKY, 1943)

Luis Alberto de Cuenca

MÜNCHHAUSEN (1943)

Las viejas del lugar te llamaban Barón
de la Castaña, un nombre mucho más pronunciable,
y afirmaban que nunca dijiste la verdad.
En los viejos tebeos te dibujaban: largos
mostachos, altas botas, casaca inmaculada,
sombrero de tres picos, guantes de piel finísima.
Te rodeaba un grupo de embobados oyentes
y un fugaz decorado de taberna alemana
del siglo XVIII: una botella, copas,
alguna camarera descotada, la testa
de un ciervo disecado en la pared. Se oía
solamente tu voz en aquella tertulia.
Una voz que venía de viejos mitos arios,
taladraba los muros del tiempo y se plantaba
en el cuarto de estar de casa de mis padres
hacia 1980 (por decir
una fecha al azar), cuando los días eran
más largos que las noches. Cuando la juventud.

La UFA te hizo inmortal, como al Judío Errante.
Yo paraba la imagen del vídeo, para ver
a las chicas desnudas del harén del Sultán.

Todo depende de la pastilla que elijas. En la vida también sucede lo mismo: todo se reduce a dos opciones. O cojo el metro o no lo cojo o paso por una puerta o salgo por una ventana. O como un excelente manjar o me quedo con una papilla misteriosa. No es exactamente el yin o el yang, pero Xuan Folguera nos abre el camino a otras posibilidades. Matrix no es Matrix, pero puede que lo sea, no sé si me entienden.

MATRIX
(LANA & LILLY WACHOWSKY, 1999)

Xuan Folguera

la lluvia digital guarismos verdes
que fluyen en cascada un dos tres cinco
ocho trece la serie Fibonacci
el código binario de apagado
y encendido Pascal Basic o Java
todo el poema está escrito por la IA
no aprendas a leer mejor dedícate
a vestir tu avatar elige el outfit
conforme a los dictados de las apps
elige tu destino vacaciones
en un gentrificado apartamento
desayunamos píldoras azules
solo somos libertos que vivimos
con cadenas en grutas o pantallas
reflejos de un espejo negro opaco
no existe Dios no existen las caricias
ni los acantilados ni los foros
de Roma ni los puentes sobre el Nilo
ni el olor a desnudo de tu cuerpo
no persigas jamás conejos blancos
no podrás escapar de madrigueras
que por la noche envasan al vacío
somos pilas petacas baterías
electrolitos ánodos y cátodos
sueños de un algoritmo caprichoso
acéptalo tenía razón Einstein
a los dados no juega el arquitecto

Tres películas componen esta serie y como suele suceder la primera es la mejor. Personajes bien definidos y objetos y músicas inolvidables. En nuestra memoria quedará ese camino en llamas en el asfalto, ese reloj que no debe retrasarse en el campanario y esa rock and roll adelantado a su tiempo. Jacob Lorenzo nos invita a todos a conducir un Delorian hasta el infinito y más allá.

REGRESO AL FUTURO
(ROBERT ZEMECKIS, 1985)

Jacob Lorenzo

> «Nuestra primera cita. Nunca la olvidaré.
> Fue la noche de la tormenta».
>
> Lorraine McFly

Es hora de volver donde viven los vivos.
Abandonar Comala, rociar con gasolina
la infancia y las preguntas, buscarte entre la gente
sin que vuelva a atraparnos la soledad del fuego.
Sincronizar relojes y volver a Hill Valley.
Lo quieto es aparente, todo es transformación.
El cambio nos gobierna, nos hace transitorios,
tendremos que admitirlo, ser parte del instante,
vivir entre las llamas del presente y arder
mañana, sin saberlo, allí, en ninguna parte.
Volveré a la primera luz que nos construyó,
esa luz del final que enciende los principios,
a aquella noche fría de besos y tormentas,
donde vendrá a apagarse el infierno. Y yo
te dejaré encendidas unas líneas de luz,
azules,
igual que el corazón de las hogueras,
como el rastro de fuego
        que deja este Delorean
        llevándome al futuro.
Deja bien aparcados tu coche y los recuerdos:
adonde vamos, no necesitamos carreteras.

Direction **Andrei TARKOVSKY**

WITH
NATALYA BONDARCHUK
DONATAS BANIONIS
NIKOLAI GRINKO
YURI VARVET
VLADISLAV DVORZHETSKY
ANATOLY SOLONITSYN

CAMERA VADIM YUSOV

SOLARIS

SOVEXPORTFILM

Stanislaw Lem es el mejor escritor de ciencia ficción del siglo XX. Y en *Solaris* escribió sin lugar a dudas la mejor historia de amor jamás contada. Lem no dio su visto bueno a ninguna de las versiones filmadas de su libro. Los que hemos visto la versión de Tarkovsky podríamos llegar a disentir con Lem. De todas maneras volver a recuperar los momentos en que fuimos felices o en los que no supimos reaccionar a tiempo para solucionarlos es la gran utopía del ser humano. Paloma Larrosa lo sabe.

SOLARIS
(ANDREI TARKOVSKY, 1972)

Paloma Larrosa

El mundo se decide en una mesa
con un balón, con un cigarro sin boca
y un cuerpo herbóreo de mujer
que sigue respirando milenariamente.

La luz no tiene dios, ni túnel
no conoce el perfil de la metralla
ni las ventanas rotas, no sabe diluirse.

Nosotros conocemos los zapatos,
la mancha del mantel,
la distancia entre el sol y nuestros nervios.

Llueve en el paladar de un elefante
de manera sutil, sin que nadie se entere
como cuando el océano en un sueño
no es un columpio ahogado.

Y cuando despertamos
hacemos del amor una ciencia apagada.

El mito del vampiro desde la modernidad. Gente culta que no tiene que andar por ahí sorbiendo cuellos. Con sus conflictos con la eternidad, el pago resulta creíble. Recuerda de alguna manera otra gran película, El ansia, también de culto. Javier Alonso nos introduce en un soneto delicioso en este mundo de deliciosos horrores.

SOLO LOS AMANTES SOBREVIVEN

(JIM JARMUSCH, 2013)

Javier Alonso

Vaporoso rubí que nos mantienes
vivos entre las sombras de un cristal
púrpura, abandonados en el vial
que de la noche va a la vida. Vienes

por fuera de las horas y sostienes
en la boca del cáliz el ritual,
el espejo invisible de la sal
que nos induce el éxtasis. Devienes

más allá del dolor de la belleza,
de la bondad, del arte y su nobleza,

en luz clarividente, dial e instante
en que la creación en su pureza
se vuelve con sutil delicadeza
tacto carnal y piel, herida amante.

Ustedes pueden preguntarse qué hace una película sobre un texto de las primeras comedias de don
Guillermo Shakespeare entre este pequeño ciclo
de cine fantástico. Kenneth Branagh tuvo el in-
creíble hallazgo de pasar la acción a un futuro
distópico y alegre, en unos años cincuenta imposibles donde todos cantaban y bailaban. Julio
Martinez Mesanza elige el tema central de esta
historia, en la que pivotan los deseos insatisfechos
de todos sus protagonistas.

TRABAJOS DE AMOR PERDIDOS
(KENNETH BRANAGH, 2000)

Julio Martínez Mesanza

REMEDIA AMORIS

Amigos, el amor me perjudica:
no permitáis que caiga nuevamente.
Podemos emprender una campaña
o el estudio de textos olvidados:
algo que me mantenga distraído.
No me habléis de la dulce voz de aquélla
ni del hermoso talle de esa otra.
Quemad todo retrato, ensordecedme,
poned sus armas en mis propias manos:
si sé el secreto su poder se extingue:
ellas son incapaces de ternura.

Pilar García Orgaz desarrolla en este poema un argumento que no aparece de senso en esta película de culto. El tema que ella decide se ha visto en posteriores películas: El robot enamorado. Esa es quizá la única venganza posible de las máquinas, ser capaces de alcanzar algún día ese misterio del amor.

ULTIMATUM A LA TIERRA
(ROBERT WISE 1951)

Pilar García Orgaz

GORT, O EL BESO METÁLICO

Unos brazos escalan mi cuerpo ingrávido.
Unos ojos amarillos me miran sin parpadear.
Unos dedos me acarician trémulos
bajo una bóveda transparente al firmamento.

Antes, ha sido capaz de desnudarme poco a poco
con su rayo de luz,
derritiendo uno a uno mis botones,
rasgando suavemente mi traje espacial.

Tumbada sobre el aire
recibo un calor suave y desconocido,
exento de palabras,
intenso en emociones.

Perdida y abandonada a mi suerte,
en un planeta sin nombre,
he comprendido que un beso metálico
también es un beso.

Hemos dejado para el final, por seguir el rigor al-
fabético, la primera película fantástica del cine. Solo dura quince minutos, casi carece de subtítulos,
pero cualquiera que la haya visto ha sabido sonreír
ante las aventuras absolutamente fantásticas de estos científicos locos, de esos selenitas de cabaret
parisien y de esa pobre luna que no le va a quedar
más remedio que ir al oftalmólogo. Esther Peñas lo
celebra con alegría y, aunque no se lo crean, con
un membrillo.

VIAJE A LA LUNA
(GEORGES MELIÉS, 1902)

Esther Peñas

VERSOS POR CELULOIDE

Del color de las sospechas, el primer viaje a la luna quiso la fortuna que fuera francés, cortito y sin voz. Los astrónomos, dispuestos en graderío, como coro de altramuces, con sus capirotes, sus calzones, sus medias y sus barbas longevas, miran al polisón de nardos mientras hacen mediciones. De sus gorgueras, el jaleo del recurso; de sus togas, el acierto de respuesta. A mano de yunque un artefacto construyen y, sobre los tejados, cual funámbulos ufanos, resueltos y delirantes, los sabios, precedidos por ringleras de coristas, encabalgan la aventura. El artilugio se estampa (vaya fiasco, qué infortunio) en el ojo diestro de la única dama ambivalente en su tamaño. Atracan los seis ilustres bajo un cielo de confeti, estrellas con rostro humano, un cometa, varios peces (peces no, más la rima los compete). La expedición se encomienda a santo Domingo de Guzmán, que aunque aún no fuera santo -ni siquiera concebido-, ya se sabe del ensalmo del patrón de cada cual. Los ojos aterrados cobijando lo que ven: lunáticos saltimbanquis, entre cómicos salvajes y huestes de baraja, que a punto están de apiolarles. Se dan más prisa que maña, y en picado caen al mar, ese contemplado caballero siempre dispuesto a aceptar entre sus aguas y corales a otro armatoste más. Tocan tierra recibidos por entusiasmo de opereta. C'est fini, bergantes queridos, y colorín colorado, que con Melliés hemos topado.

LICENCIA POÉTICA

(1ª época)

DISPONIBLES TODOS LOS NÚMEROS

N.º 1 | Poesía, un concepto difícil: ensayo sobre las poéticas

N.º 2 | Los versos torcidos de Dios: el malditismo en la poesía

N.º 3 | Poesía en el exterminio: «Auschwitz, no hace mucho, no muy lejos»

N.º 4 | Poesía nórdica: destellos de una tempestad espiritual

N.º 5 | POETA EN NUEVA YORK. Azar y necesidad del símbolo

N.º 6 | ÁFRICA NEGRA, poesía de la supervivencia (Parte I)

N.º 7 | ÁFRICA NEGRA, poesía de la supervivencia (Parte II)

N.º 8 | José Luis Hidalgo, el alzheimer de Dios

N.º 9 | ¿Enseñar poesía?

N.º 10 | Poesía (¿o prosa rota?) en Internet

N.º 11 | Un centro en la periferia (I)

N.º 12 | Un centro en la periferia (II)

N.º 13 | Pueblos en extinción, perenne poesía (I)

N.º 14 | Pueblos en extinción, perenne poesía (II)

N.º 15 | Pueblos en extinción, perenne poesía (III)

N.º 16 | Pasolini | La verdad aunque duela (I)

N.º 17 | Pasolini | La verdad aunque duela (II)

N.º 18 | Poesía sefardí actual (I)

N.º 19 | Poesía sefardí actual (II)

N.º 20 | TRILCE, la nada a cada instante

www.arspoetica.es/coleccion/licencia-poetica

LICENCIA POÉTICA

POESÍA
Una antología difícil

LICENCIA POÉTICA

LOS VERSOS
TORCIDOS
DE DIOS
El sufrimiento
en la poesía

LICENCIA POÉTICA

POESÍA EN EL
EXTRANJERO

LICENCIA POÉTICA

POESÍA NÓRDICA
Contra la piel
congelada nórdica

LICENCIA POÉTICA

POETA EN
NUEVA YORK
Generaciones
de poesía

LICENCIA POÉTICA

África negra
POESÍA DE LA
SUPERVIVENCIA
Parte I

LICENCIA POÉTICA

África negra
POESÍA DE LA
SUPERVIVENCIA
Parte II

LICENCIA POÉTICA

JOSÉ LUIS
HIDALGO
El alzheimer
de Dios

LICENCIA POÉTICA

¿ENSEÑAR POESÍA?

LICENCIA POÉTICA

POE
SÍA
EN INTERNET

LICENCIA POÉTICA

UN CENTRO
EN LA PERIFERIA (I)

LICENCIA POÉTICA

UN CENTRO
EN LA PERIFERIA (II)

LICENCIA POÉTICA

PUEBLOS EN EXTINCIÓN,
PERENNE POESÍA (I)

LICENCIA POÉTICA

PUEBLOS EN EXTINCIÓN,
PERENNE POESÍA (II)

LICENCIA POÉTICA

PUEBLOS EN EXTINCIÓN,
PERENNE POESÍA (III)

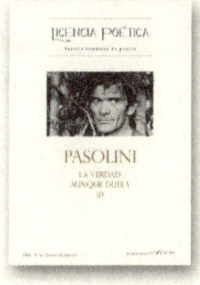

LICENCIA POÉTICA

PASOLINI
LA VERDAD
AUNQUE DUELA
(I)

LICENCIA POÉTICA

PASOLINI
LA VERDAD
AUNQUE DUELA
(II)

LICENCIA POÉTICA

POESÍA SEFARDÍ ACTUAL
VOCES DE MUY LEJOS
(I)

LICENCIA POÉTICA

POESÍA SEFARDÍ ACTUAL
VOCES DE MUY LEJOS
(II)

LICENCIA POÉTICA

TRECE
LA NADA A CADA INSTANTE

ARS POETICA es una editorial especializada en poesía, concebida como un espacio de exigencia literaria, cuidado formal y respeto profundo por la palabra poética. Desde su fundación, ha apostado por un catálogo coherente y riguroso que reúne a algunas de las voces más relevantes de la poesía en lengua española, combinando autores consagrados con propuestas de alto valor literario.

En su catálogo figuran poetas de primera línea como Clara Janés, José Manuel Caballero Bonald, Antonio Colinas, Javier Lostalé, Ángel García López, Carlos Murciano, Jordi Doce o Félix de Azúa, entre otros nombres esenciales del panorama poético contemporáneo.

Cada libro de Ars Poetica se concibe como un objeto literario cuidado al detalle, donde la edición, el diseño y la calidad material acompañan y realzan el texto. La editorial entiende la poesía como una forma de conocimiento y de permanencia, y trabaja cada publicación con esmero artesanal, fidelidad al autor y vocación de perdurabilidad.

ALGUNAS OBRAS

CLARA JANÉS
EL NUDO DE
LOS VIENTOS
(o la mitad perdida de Pitágoras)

J.M. CABALLERO BONALD
LAS HORAS
MUERTAS

JOSÉ
JIMÉNEZ
LOZANO

CÉSAR ANTONIO
MOLINA VIEJA
CIMA

MARCOS-RICARDO
BARNATÁN
EL LIBRO DE
DAVID JERUSALEM
Y OTROS POEMAS

FÉLIX DE AZÚA
CEPO PARA
NUTRIA

Miguel
Losada

POEMAS
AUSENTES

Vanesa Pérez-Sauquillo

EL SUEÑO
INTACTO

Antología 2001-2017

Prólogo de
Víctor Herrera de Miguel

Beatriz Hernanz

HABITARÁS LA
LUZ QUE TE
COBIJA

Prólogo de Jorge Edwards

Javier Lostalé

FIGURA
EN EL
PASEO
MARÍTIMO

LA
ESPIGA
Y EL
VIENTO

JUANA
VÁZQUEZ

Antología poética

IGNACIO GÓMEZ DE LIAÑO

CARRO DE
NOCHE

Poesía 1972-2005

CARLOS AGANZO

LAS FLAUTAS
DE LOS BÁRBAROS

ALEGORÍA
JAIME SILES

ALFONSO
LÓPEZ GRADOLÍ
FRÁGIL E
INCIERTO
OFICIO

JESÚS APARICIO GONZÁLEZ
HUELLAS DE
GORRIÓN
Antología poética
(2002-2017)

Prólogo de
José Manuel Suárez

MARÍA ANTONIA ORTEGA
33
poemas

La música de la memoria

Eliseo Bayo
DE TODAS LAS
VIDAS QUE NO
PUDE TENER

JOSÉ MARÍA
MUÑOZ QUIRÓS
EL VENDEDOR
DE ESCARCHA

José Luis Zerón Huguet
PERPLEJIDADES
Y CERTEZAS

LA VOZ DE
LOS POETAS
Miguel Veyrat

Carlos Blanco
CANTO A LO
DESCONOCIDO

Poesía
filosófica

Valentín Díaz
SUEÑOS DE JAZZ
POEMAS

José Manuel Suárez
ABEDULES,
CONTRA LAS
NUBES CLARAS

POEMAS
DEL NUEVO
HORIZONTE

Guillermo de Miguel Amieva

ANTRÓPOLIS

Irene Zoe
Alameda

Alessandro Spoladore
LA SONATA
DEL LIRIO
LA SONATA
DEL GIGLIO

Pedro Menchén
CANTOS DE
DESESPERACIÓN
Y AMOR

Poemas en fase de destrucción

PARPADEOS
LUNÁTICOS

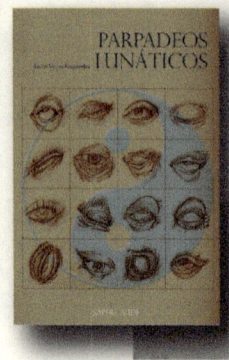

INSTANTES
DEL NO SER

José Morilla Marsán

ENTRE ACACIAS SOCIEDAD EDITORA

editorial
SAPERE AUDE
Atrévete a saber

LEGENDARIA
Literatura fantástica

MASONICA
Ediciones del Arte Real

ediciones de
sabiduría ancestral

KING SOLOMON

LABORE | CONSTANTIA | INCREMENTUM